BERLIN IM LICHT

Janos Frecot | Klaus-Jürgen Sembach

BERLIN IM LICHT

Photographien der nächtlichen Stadt

nicolai

Einleitung

Nirgendwo sonst lässt sich die Nacht so intensiv erleben wie in einer großen Stadt. Kein Mond kann ankommen gegen die Detonationen des Lichtes, die dort selbstverständlich geworden sind. Sprechen wir nicht von Stimmungen, sondern von dem Ehrgeiz, die Zeitlichkeit des Tages zu besiegen, ihn künstlich zu verlängern. So kulminiert das Artifizielle aller Metropolen sinnvoll in ihrer Illumination durch Laternen, Scheinwerfer, Reklamen und Schaufensterlichter. Eine neue Wirklichkeit ist hier geschaffen worden, gefährdet zwar, da von Technik abhängig, dennoch strahlend in ihrem Selbstbewusstsein. Meinen wir nicht konstatieren zu können: Das Natürlich-Begrenzte ist überwunden und die Empfindungen sind endlich lenkbar!

Alle Ängste und Wahngebilde scheinen verscheucht zu sein, die Dunkelheit wirkt transparent, und die allgemeine Helligkeit verheißt eine neue Form der Aufklärung. Denn es darf als sicher gelten: Von allen modernen Erfindungen – Dampfmaschine, Eisenbahn, Flugzeug – ist die Einführung der künstlichen Beleuchtung die Gefahrloseste. Sie war wirklich geeignet, die Furcht zu mindern und nur als Beglückung empfunden zu werden. Dass daneben »Mehr Licht« auch ein Mehr an Schatten erzeugt, ist zwar bewusst geblieben, aber angesichts der Euphorie auch so regulierbar geworden wie die Zauberwelt der Beleuchtung durch einen Hebelschwenk oder Tastendruck. Wir schalten den Gedanken daran an und aus, je nach Belieben oder Notwendigkeit.

Die Umkehrung des von der Natur Gewollten in sein Gegenteil, die Verwandlung der Nacht in etwas dem Tag Gleiches findet ihre präziseste Darstellung in der technischen Fixierung. So können Photographien nächtlicher Städte wie die Negative der Tagesbilder wirken – und auch so angesehen werden. Die Entsprechungen sind gegeben, was zuerst hell war, ist jetzt dunkel und umgekehrt; Lichtes verwandelt sich in Schattenzonen, und was vorher zweitrangig war, erringt nun Bedeutung. Während sonst die massiven Teile der Häuser gewichtig und kraftvoll hervortreten, versinken sie jetzt, und wir sehen an ihnen vorbei in das Innere. Erscheinen uns Fenster oft blind und abweisend, so verwandeln sie sich durch die Hinterleuchtung in Zonen, denen wir uns mit Neugier oder auch Unterstellungen nähern können. Wir sind es gewöhnt, die Konturen der Gebäude klar umrissen wahrnehmen zu können, doch in der Nacht ist uns diese Sicherheit genommen. Stattdessen sehen wir die Leuchtreklamen wie ohne Verankerung schweben, vergleichbar einer Fata Morgana – der nachzueifern sie ja auch bemüht sind. Ihre Erscheinung schlägt schließlich ins Irrlichterhafte um, wenn zuckende Bewegung und wechselnde Farben hinzutreten. Verdoppelungen, die uns den Boden entziehen, entstehen durch regennassen Asphalt. Die sonst nur mit Gleichgültigkeit gestreifte Ebene des Verkehrs gewinnt ein glitzerndes Eigenleben.

Sind wir auf den Straßen für gewöhnlich die Zeugen eines allgemeinen Geschehens, ohne nennenswerte Akzentuierung – es sei denn, dass sich Irritierendes ereignet, zum Beispiel ein Unfall –, so erleben wir in der Nacht das ver-

Telefonzelle, 1951
Photo: H. P. Heilmann

einzelte Geschehen, die Individualisierung, aufgedeckt durch das gezielte Licht. Der Kegel begrenzt und steigert zugleich und stellt eine neue Bedeutung her – Filmemacher verwenden diese Art der Dramatisierung gern um eine geheimnisvolle, vielleicht auch bedrohliche Situation herzustellen. Doch auch uns interessiert der einsame Benutzer einer nächtlichen Telefonzelle mehr als sonst, und der wartende Passant vor einer Leuchtsäule ist plötzlich ein momentweise illuminiertes Schicksal.

Das nächtliche Licht der Großstädte ist also befähigt, eine besondere Nähe herzustellen. Das vermag es innen wie außen. Das eine kennen wir durch illustre Gesellschaften wie auch intime Treffen, das andere erfahren wir zu unserer Überraschung auf den fast bühnenartigen Szenarien der nächtlichen Straßen, die uns zu Auftritten verhelfen, die uns bei Tage nicht vergönnt sind.

Die engste Verknüpfung von Künstlichkeit, Illusion und Technik ist der Film, das zum Leben erweckte photographische Bild. Erleuchtete Kinofassaden prägen deshalb seit ihrer Erfindung das Nachtbild der Städte. Als Außenaufnahmen noch schwer zu realisieren waren, wurde fast alles im Atelier nachgebaut, erst recht nächtliche Szenen, die immer eine besondere Herausforderung darstellten. Die Künstlickeit der ins Licht gerückten großen Stadt musste fast unumgänglich die artifizielle Vorstellungswelt des Films inspirieren. Unübertreffliche Beispiele sind dafür Friedrich Wilhelm Murnaus »Letzter Mann«, entstanden 1925, und die Anfangsszenen von Joe Mays »Asphalt«, für die 1929 ein großer Straßenzug errichtet wurde. Die Außenwelt wurde dabei zur Innenwelt, die wiederum die Außenwelt vortäuschen sollte. Das gelang oft verblüffend gut, solange nicht der falsche Klang des Bodens oder der gesamte Hall alles entlarvten. Das Licht war dagegen risikoloser und erlaubte eigenwillige Gestaltungen. Erhebliche Teile unserer Vorstellung des nächtlichen Berlins entstammen deshalb dem Kino der zwanziger und dreißiger Jahre. Damals galt, dass jede Metropole von Rang ein spezifisches, filmgeprägtes Nachtbild zu besitzen hatte. Das Paris René Clairs wies somit ganz andere Valeurs auf wie das härter konturierte Berlin, das vor allem Fritz Lang in seinen Filmen »Spione«, »M« und der »Mabuse«-Serie erstellte (1921–1933).

Doch die Erscheinung der illuminierten nächtlichen Großstadt vermag nicht allein zwischen vordergründig, visionär und menschlich zu variieren, sie kann auch renommierendes Gewicht erringen. So behauptet seltsamerweise eine Liedzeile »Wien wird schön erst bei Nacht« – was nicht recht nachvollziehbar ist und den Verdacht nahe legt, dass dieser Text ursprünglich für Berlin gedacht war, aber durch eine Silbe zuviel umgeleitet werden musste. War es nicht so, dass schon die wilhelminische Metropole sich besser bei Nacht in ihrem »Besten Licht« zeigte als am Tag, der zuviel Neureiches bloßlegte? War die Nacht die Chance dieser Stadt? In den zwanziger Jahren zweifellos, spätere Variationen besaßen zumindest den Wert der Einmaligkeit. Somit ist der Slogan »Berlin im Licht« vorzüglich dazu geeignet, eine Fülle von Assoziationen und Erinnerungen hervorzurufen.

links: **Blick auf Marienkirche, Rathaus, Fernsehturm und Hotel Berlin, 1983**
Unbekannter Photograph

rechts: **Amateurphotographinnen während der »Lichtwoche« vor dem Turm der Petrikirche, 1928**
Unbekannter Photograph

So denkt man etwa an die glorreichen Zeiten des Kaiserreichs vor 1914 oder an die höchst kreativen, von Aufbruch und Selbstzerstörung geprägten Goldenen Zwanziger Jahre der Weimarer Republik, vielleicht auch an die pathetischen Inszenierungen der Nationalsozialisten mit ihren Fackelzügen und illuminierten Theaterdekorationen auf ihren Paradestraßen, an die Lichtinstallationen anlässlich der Olympische Spiele oder mancher Staatsbesuche. »Berlin im Licht« könnte auch eine sarkastische Umschreibung der europäischen Kriegs-Hauptstadt sein mit ihren Flakscheinwerfern und Flächenbränden als flackernde Unterbrechung zwischen allnächtlichen Verdunkelungen. Schließlich mag »Berlin im Licht« ein ironischer Seitenblick auf die geteilte Stadt sein, deren beide Hälften sich zäh und fleißig aus Schutt und Chaos herausarbeiteten, um bald in eine ärmlichere, dunklere Ost- und eine zum »Schaufenster des Freien Westens« hoch subventionierte West-Stadt zu zerfallen. Wer seit den späten fünfziger Jahren West-Berlin nach Sonnenuntergang per Flugzeug erreichte, sah dieses viel beschriebene Glitzerding inmitten dunklerer Weiten, und der Freie Westen schien zunächst einmal eine riesige, mit hohem Energieeinsatz erzeugte Lichtfläche zu sein. Erst mit der radikalen Neufassung der östlichen Innenstadt um Alexanderplatz und Fernsehturm in den siebziger und achtziger Jahren zog hier die andere Seite nach: unvergesslich anlässlich eines Besuchs der Marienkirche Anfang der Achtziger das Erstaunen über diese gewaltigen Bauvolumina wie die Empfindung: Wenn die so weitermachen, wird das wirklich mal eine Hauptstadt!

Dabei war »Berlin im Licht« einst wirklich ein Werbespruch für eine von Handel und Industrie organisierte Inszenierung, die sich die Stadt zu einem Zeitpunkt leistete, als es inmitten der krisengebeutelten Weimarer Jahre ein wenig nach Konsolidierung aussah: die »Lichtwoche« fand statt vom 13. bis 18. Oktober 1928. Schon ein Jahr zuvor, 1927, hatten Wirtschaftskreise aus Frankfurt am Main die Idee zu einem »Lichtfest« gehabt: Wie die Bauzeitung im Januar berichtete, waren es auch hier, wie ein Jahr später in Berlin, allein die Elektrizitäts-, Handels- und Fremdenverkehrsverbände, die am Sonntag, den 4. Dezember 1927 »ein Lichtfest [...] als Auftakt des Weihnachtsgeschäftes« veranstalteten. (Man sieht, wie uralt so manche heute heiß erkämpfte Stufe der Höherentwicklung Deutschlands zur Dienstleistungsgesellschaft bereits ist!) Lesen wir, wie die Bauzeitung resümiert: »Der äußere Erfolg des Lichtfestes war ein vollkommener: eine vieltausendköpfige, festlich bewegte Menschenmenge drängte sich von Einbruch der Dunkelheit bis gegen Mitternacht durch die hellerleuchteten Straßen und Plätze der Stadt. Ob das finanzielle Ergebnis dem äußeren Erfolge entsprach, ist fraglich: vielleicht haben manche über dem Schauen das Kaufen vergessen.«[1]
Nun, ein Jahr später, unternahm es Berlin eine knappe Woche lang, von Samstag, den 13., bis Donnerstag, den 18. Oktober, sich als Lichtstadt zu feiern. Es ging nicht mehr nur um die Belebung des Einzelhandelsgeschäfts, sondern um Fremdenverkehrswerbung, Leistungsschau (in Berlin konzentrierte sich mit Siemens, Telefunken,

„Berlin im Licht."

Anstrahlung, Beleuchtung, Korso, Freiluftkino, Lichtball.

Gestern abend fand in der Berliner Handelskammer ein Empfang für die in- und ausländische Presse statt. Präsident Flinsch berichtete über den Zweck der Veranstaltung „Berlin im Licht", die die Wirtschaft aus eigenen Mitteln arrangierte, ohne öffentliche Steuergelder in Anspruch zu nehmen. Obwohl die Unkosten für die kolossalen Anlagen nicht gering waren, hat sich die Wirtschaft zahlreich beteiligt, da „Berlin im Licht" als

Fremdenwerbung

nicht zu unterschätzen ist und strahlend erleuchtete Strassen und Häuser den Wert der Geschäftsauslagen, die den Wunsch zum Kauf erzeugen sollen, ausserordentlich erhöhen.

Chefredakteur Karl Vetter erzählte von dem Programm der illuminiert werbenden Stadt Berlin, das am Sonnabend mit der

„Beleuchtung in alter Zeit",

einer Sonderausstellung im festlich beleuchteten Märkischen Museum unter Leitung von Direktor Dr. Walter Stengel, eröffnet wird. Von 9 Uhr bis 1 Uhr werden die öffentlichen Gebäude angestrahlt. Die Kuppel des Reichstagsgebäudes, das Brandenburger Tor, das Schauspielhaus, das Schloss, der französische Dom am Gendarmenmarkt und die Ecktürme des Doms im Lustgarten werden erleuchtet. Ferner das Stadt- und das Rathaus, die Nationalgalerie und das Alte Museum. In Charlottenburg werden die Städtische Oper, das Rathaus, das Schloss und die Epiphanienkirche illuminiert sein. In den Stadtbezirken sind die Rathäuser „im Licht", ferner Schulen, Kirchen, die Sparkasse am Mühlendamm, die Jungfernbrücke, die Verwaltungsgebäude der städtischen Gaswerke, der Kreuzberg mit dem Wasserfall und der

Funkturm,

der ein leuchtendes Wahrzeichen im Lichtmeer von Berlin werden soll.

Von Hoch- und Untergrundbahnhöfen sollen der Flughafen Tempelhof, Nollendorfplatz, Wittenbergplatz, Kaiserdamm, Hallesches Tor und Uhlandstrasse erleuchtet sein. Die „Neue Wache" Unter den Linden wird durch brennende Gasfackeln geschmückt. Die Reichsbahn hat sich der Festveranstaltung durch die Beleuchtung des Anhalter, Potsdamer und Lehrter Bahnhofs angeschlossen. Die Strassenbahn fährt auf der Linie 177, 75, 99, 87 und 187 mit illuminierten Wagen. Die Tauentzienstrasse ist als

„Strasse der Nationen"

geschmückt, die Leipziger Strasse erstrahlt unter einem Lichtbaldachin, während sich durch die Neue Rossstrasse Lichtgirlanden ziehen. Auf dem Hohenstaufenplatz wird ein Monument angestrahlt, auf dem Spreewaldplatz ist ein Freiluftkino aufgebaut, und die Göbenstrasse zeigt als praktische Attraktion

Hausnummernbeleuchtung.

Wunderbare Lichtbauten sind aufgebaut worden. Am Grossen Stern steht ein 25 Meter hoher Lichtturm, der Nollendorfplatz ist durch Leuchtröhren illuminiert. An der Mittelpromenade am Brandenburger Tor steht das erleuchtete Monument der heutigen Zeit, das Auto auf dem Podest.

Am Sonnabend um 19 Uhr 30 Minuten beginnt der Motorbootlichtkorso von der Schlesischen Brücke über Hallesches Tor, Hafenplatz und Tiergartenschleuse.

Von Eintritt der Dunkelheit an werden die Berliner Geschäfte ihre Schaufensterfestbeleuchtung, ihre Transparente und Glühbirnen aufleuchten lassen. Etwa 400 Berliner Firmen haben sich an dem Beleuchtungs- und Dekorationswettbewerb beteiligt, dem ein Preisausschreiben für das Publikum angeschlossen ist, nach dem Motto: „Das gute Schaufenster in bestem Licht." Die konkurrierenden Fenster sind besonders gekennzeichnet.

Am Sonntag beginnt um 18 Uhr 15 Minuten der

Autolichtkorso

von der Avus über den Kurfürstendamm, Wittenbergplatz, Lützowplatz, Grosser Stern, Lustgarten, Friedrichstrasse, Belle-Alliance-Platz zum Kaiserkorso. Um 17 Uhr 30 Minuten beginnt der

historische Wagenzug

im Lustgarten, der durch die Kaiser-Wilhelm-Strasse, Königstrasse, Französische Strasse, Friedrichstrasse, Hallesches Tor, Belle-Alliance-Strasse, ebenfalls zum Kaiserkorso geht.

Das Lichtfest in Tempelhof beginnt um 18 Uhr 30 Minuten unter Beteiligung des historischen Wagenzuges, der Post, Aboag und des Autolichtkorsos. Anschliessend daran ein grosses Höhenfeuerwerk.

Am Montag beginnt um 19 Uhr im Humboldthain der

Lichtreklamekorso,

der über den Schiffbauer Damm — Unter den Linden — Grosser Stern — Lützowplatz — Tauentzienstrasse — Kurfürstendamm — Brandenburgische Strasse — Grunewald-, York- und Gneisenaustrasse zum Hermannplatz, dann über den Kottbusser Damm — Oranienstrasse zum Leipziger Platz — Unter den Linden bis zur Turmstrasse geht.

Auf der Trabrennbahn Mariendorf werden ab 17 Uhr die Rennen mit 500 000 Kerzen Beleuchtung gelaufen. — Der offizielle Lichtball, eine Wohlfahrtsveranstaltung, findet am Dienstag um 21 Uhr bei Kroll statt. Ferner gibt es anlässlich „Berlin im Licht" zahlreiche Verbands- und Sonderveranstaltungen.

linke Seite: **Faksimile aus dem Berliner Tageblatt vom 13. Oktober 1928**

Straßenaufnahme bei Nacht, 1928
Photo: UMBO

AEG, Osram und vielen hoch spezialisierten kleineren Firmen die weltweit modernste Elektroindustrie) und um die Darstellung der neuen Architektur – etwas, auf das die Stadt besonders stolz sein konnte. Somit auch darum, sich seiner selbst zu vergewissern.
Die Veranstalter hatten es offenbar geschafft, die ganze Stadt – ihre technischen wie ihre landschaftlichen Aspekte, ihre romantischen Räume wie ihre sachlich-modernen Zukunftsprojektionen – in einer so suggestiven Form auszuleuchten, dass nicht nur alle hingingen, sondern auch alle begeistert waren. Die Presse nahm lebhaften Anteil: In den großen überregionalen Tageszeitungen wie Berliner Tageblatt, Berliner Lokal-Anzeiger, Der Tag und Vossische Zeitung (die am 14.10. mit einer Sonderbeilage »Licht und Wärme« herauskam) wurde das Ereignis so ausführlich rezensiert wie eine prominente Theaterpremiere. Von Hunderten von Sonderzügen und Hunderttausenden faszinierten Zuschauern war da die Rede. Die Fachpresse, etwa die Bauzeitung, die Bauwelt oder die Werkbund-Zeitschrift Die Form, diskutierte die Veränderungen an Fassaden durch Leuchtreklame und Lichtregie und belegte ihre Argumente durch Photographien von Tag- und Nacht-Gegenüberstellungen derselben Gebäude. Schaufenster wandelten sich von der Präsentation der Ware zur Werbung durch Gestaltung.
Hierbei kommt dem heutigen Betrachter der Gedanke, dass die Tendenz mancher postmodernen Architektur zur Auflösung der Baukörper zugunsten eines hoch technisierten Gebäude-Designs schon damals begann: Die Baukörper scheinen oftmals nur noch Gerüste für die Lichtstrukturen zu sein, mittels derer sie nächtlich zu transparenten, schwerelosen Gebilden mutieren. Stadt- und Architekturphotographen der zwanziger Jahre haben diese vom Licht gestalteten Formen festgehalten, wobei in ihren Bildern mitunter »Raumgebilde entstehen, die in ihrer Immaterialität an Fotogramme erinnern«[2].
Nachtphotographie war seit dem späten 19. Jahrhundert ein immer wieder von neuem aufgegriffenes Thema engagierter Photoamateure wie Photoreporter. Zu kämpfen hatten beide gegen die lichtschwachen Objektive wie gegen wenig empfindliche Platten: Paul Martins Londoner Nachtaufnahmen von regennassen Straßen mit spiegelnden Lichtern wurden mit Belichtungszeiten von bis zu 15 Minuten aufgenommen – dass die Stadt hier menschenleer erscheint, ist nicht weiter verwunderlich.[3] Noch Ende der zwanziger Jahre empfahl der Amateurphotograph Fritz Hocke in einem von der »Lichtwoche« inspirierten Aufsatz[4], bei Nachtaufnahmen fahrende Autos, durchs Bild laufende Personen und andere wegen längeren Belichtens zu Grauschleiern verfremdete Bildelemente tunlichst zu vermeiden! Im selben Jahr, 1928, veröffentlichte der Wiener Photopublizist Alexander Niklitschek einen Aufsatz »Über lichtstärkste Objektive«, in welchem er den auch im vorliegenden Buch vorherrschenden Kanon der atmosphärischen Großstadt-Nachtaufnahme wie folgt beschreibt: »Man soll in der tiefen Dämmerung aufnehmen, wenn das scheidende Tageslicht noch Kraft genug hat, die Details in den Schatten anzudeuten, aber auch schon so

Feuerwerksaufnahme, 1928
Photo: Erich Salomon

schwach ist, dass das Leuchten der Kunstlichtquellen richtig hervortreten kann [...]. Insbesondere der großstädtische Verkehr im Verein mit der Reklamebeleuchtung lässt außerordentlich reizvolle Bildeffekte entstehen, die am schönsten und dankbarsten sind, wenn eine Spiegelung im nassen Asphalt sie erhöht.«[5]
Mit einem derartigen Photo vom nächtlichen Autoverkehr auf spiegelnder Straße rund um die Gedächtniskirche – das auch im UHU abgebildete Photo stammt von keinem Geringeren als von UMBO[6] – illustrierte Erich Salomon einen Aufsatz, den er lange vor der »Lichtwoche« im Juni 1928 veröffentlichte und in dem er neben allgemeinen technischen wie gestalterischen Tipps zwei eigene Aufnahmen von einem Feuerwerk zeigte[7]. Erich Salomon war auch der Photograph, der die im erwähnten Aufsatz von Niklitschek gepriesenen neuen lichtstärksten Objektive am konsequentesten nutzte, um einen neuen photographischen Stil zu kreieren. Salomon hat diese neuen Objektive – in seinem Fall war es das Ernostar der Dresdener Ernemann-Werke – allerdings weniger für nächtliche Straßenphotographie als vielmehr für Innenaufnahmen ohne Blitz bei vorhandenem Licht benutzt. So gelangen ihm seine intimen Einblicke in die politische und gesellschafliche Welt um 1930, mit denen er bald als »Candid Camera Man« weltberühmt wurde.

1928: »Licht« schien das Stichwort dieses Jahres zu sein, die zitierten Aufsätze erschienen in diesem Jahr, teils vor, teils nach der Lichtwoche. Zugleich war es das Jahr der Uraufführung der »Dreigroschenoper« mit ihrem Song von denen, die im Lichte stehen und von den anderen, die man nicht sieht, denen im Dunkeln; und es war das Jahr, in dem einer der bedeutendsten Photo- und Film-Experimentatoren der Moderne, László Moholy-Nagy, das Dessauer Bauhaus verließ, um nach Berlin zu kommen und sich hier dem Arbeiten mit Licht, Film, Theater und Raum zu widmen. Eine Arbeit, die schließlich in der Entwicklung einer kinetischen Skulptur, dem Licht-Raum-Modulator, kulminierte. Ihm ging es nicht mehr um das Reproduzieren der sichtbaren Dinge mittels Photographie und Film, sondern um das Produzieren neuer Wirklichkeiten aus Licht, Raum und Bewegung. Berlin als Theater- und Kinostadt, als Film-Produktionsort, als Experimentierfeld moderner Architektur wie als kontinentaler Industrie- und Verkehrsknotenpunkt dürfte hierzu ein höchst stimulierender Ort gewesen sein: In der »Lichtwoche« wurde das auf breitester Basis gezeigt.

Dann der Taumel und der folgender Absturz. 1933: Fackelzüge, Reichstagsbrand – Lichtwochen ganz anderer Couleur. Bekanntlich haben die Nazis kaum eigene Erfindungen vorzuweisen, sieht man von einigem später von den Siegermächten vervollkommneten Kriegsgerät ab: Sie haben längst Geplantes ausgeführt, alte Übel neu belebt oder perfektioniert, Dekorationen gewendet und Formen konfektioniert. Am Beginn des Medienzeitalters sehen wir Berlin »gut aufgestellt« mit seinen Pressekonzernen, seinem großen Potenzial an kreativen Köpfen in Literatur und

Nacht. Berlin-Mitte, Oranienburger Straße, 1990
Photo: André Kirchner

Theater, Publizistik, Photographie und Film, seinen Radio- und Fernsehtüftlern und dem Hunger der Arbeitslosenheere nach Zerstreuung. Hier konnte der Medienvirtuose Goebbels eingreifen und Presse, Rundfunk und Film sehr modern und erschreckend aktuell als Manipulationsmaschinerie wie als Sedativum einsetzen. Unsere Bildauswahl streift diese Thematik, wenn sie auf die Film- und Kinostadt Berlin, auf die Orte der Massenaufmärsche und Feiern, schließlich auf die brennende Stadt selbst zeigt.

Nach 1945 dann Neuaufbau in Ost und West, dort der Sozialstaat auf wirtschaftlich schwacher Basis, hier das Schaufenster der westlichen Welt: alles noch in Schwarz-Weiß! Der Kurfürstendamm als Erinnerungskulisse für Modephotographie und großstädtisches Boulevardleben, immer die gleichen Hintergründe zwischen Ranke- und Uhlandstraße, diese halbwegs intakten dreihundert Meter. Und immer wieder Kranzler, KaDeWe und Ernst-Reuter-Platz, Kongresshalle und Hansaviertel: Identifikationsorte der gegenüber dem westdeutschen Wirtschaftsaufschwung sich benachteiligt fühlenden West-Berliner mit der glorreichen Vergangenheit wie eines ersehnten Aufbruchs in die Moderne als Signum der westlichen Freiheiten. Erst in den sechziger Jahren begannen die Stadtphotobände farbig daherzukommen, und diese zeigten dann nicht mehr »Berlin im Licht«, sondern »in Farbe«.
Wie Nachtphotographie eines Autorenphotographen der jüngeren Generation – und selbstverständlich in Schwarz-Weiß! – aussehen kann, hat André Kirchner in einer Reihe von eindrucksvollen Nachtbildern gezeigt. Wir haben uns entschieden, sie nicht in dieses Buch als Bilddokumente einzustellen: Sie haben ein eigenes Buch verdient. Kirchners Photographie aus Berlin-Mitte mag beispielhaft den Ausgang unserer Wegeführung bilden und zugleich in die Virtualität der abgebildeten Dinge zurückführen, wie sie sich dem schwarzen Kasten hinter dem Objektiv darstellen: als Kulissenraum, den es jenseits der Kunst mit Leben zu füllen gilt.

Janos Frecot | Klaus-Jürgen Sembach

Anmerkungen: **1** Die Bauzeitung, vereinigt mit Süddeutsche Bauzeitung, München, Jg. 25 H. 11, 7. Januar 1928, S. 13–14 **2** Viola Vahrsson in: Lichtseiten. Katalog der Berlinischen Galerie/Verlag Nicolai, Berlin 1998, S. 34 **3** Helmut Gernsheim in: Geschichte der Photographie. Die ersten hundert Jahre. Frankfurt a. M., Berlin, Wien 1983, S. 634 (Propyläen Kunstgeschichte) **4** Fritz Hocke in: Der Satrap, Blätter für Freunde der Lichtbildkunst, Berlin. Jg. 4 H. 11, S. 273 **5** Alexander Niklitschek in: Das deutsche Lichtbild. Jahresschau 1928/29, Berlin 1929. Ohne Paginierung **6** Umbo, u.d.T. Spiel der Großstadtlichter auf nassem Asphalt, in: UHU, Berlin, Februar 1928, S. 67 **7** Erich Salomon in: Die Koralle, Berlin, Juni 1928, S. 142–144

»Also Berlin um Mitternacht. – Paris, Stadt des Lichts? Nichts mehr davon, jammervoll! Berlin, Paradies der Elektrizität. Ihr seid recht gewachsen seit der Obertertia, Ihr zerbrechlichen, verstaubten Geißlerschen Röhren! Wenig Neonlicht und Gas, dafür gewaltige faustische und mephistophelische Wunder; riesige Schnörkel preisen die hunderttausend Überflüssigkeiten der Zivilisation an, vom Auto bis zum Parfüm. Lichtsäulen machen die Nacht sonnenhell; färben sogar die preußische Nacht blau-weiß-rot: liebenswürdige Zauberei der Wunderfee Elektrizität.«

Amedée Ozenfant, 1931

Nollendorfplatz, 1912/13 Photo: P. A. Lebrun

UNTERGRUND
BAHN
THEATER
AM
LICHTSPIELE
CAFE

Spittelmarkt, 1912/13 Photo: P. A. Lebrun

UNTERGRUND-
BAHN
Automat
KARD

Leipziger/Ecke Jerusalemer Straße, 1912/13 Photo: P. A. Lebrun

STILLER
Carl Stiller

Parkplatz an der Kaiser-Wilhelm-Gedächtniskirche, um 1925 Photo: Heinz Lienek

Friedrichstraße, 1926 Unbekannter Photograph

NORD-SÜD
GRAMMOPHON
MERCEDES
MORITZ

Friedrichstraße, um 1926 Photo: Heinz Lienek

U
ISERHOTEL
KINO
Etam
Etam

Blick von der Kaiser-Wilhelm-Gedächtniskirche in den Kurfürstendamm, um 1935 Unbekannter Photograph

MARMORHAUS
MARMORHAUS
GLORIA-PALAST

Passanten, um 1935 Photo: Willy Pragher

Regennasser Asphalt, um 1930 Photo: Raoul Hausmann

Die Kaiser-Wilhelm-Gedächtniskirche, um 1927 Photo: Sasha Stone

Blick über den Verkehrsturm auf dem Potsdamer Platz in die Leipziger Straße, um 1928 Unbekannter Photograph

WERTHEIM

Das Berliner Rathaus während der Veranstaltung »Berlin im Licht«, 1928 Photo: Carl Weinrother

Gendarmenmarkt mit Schauspielhaus (heute: Konzerthaus) und Französischem Dom
während der Veranstaltung »Berlin im Licht«, 1928 Unbekannter Photograph

Lichtstreifen der Automobile vor dem Brandenburger Tor, 1927 Unbekannter Photograph

Die Nationalgalerie während der Veranstaltung »Berlin im Licht«, 1928 Unbekannter Photograph

Das Stadtschloss, vom Lustgarten aus gesehen, um 1935 Photo: Willy Pragher

Die Jungfernbrücke über der Friedrichsgracht während der Veranstaltung »Berlin im Licht«, 1928 Unbekannter Photograph

»Die kämpfende Amazone« vor dem Alten Museum, 30er Jahre Photo: Friedrich Seidenstücker

Der Lustgarten im winterlichen Laternenschein, 1920 Photo: Carl Weinrother

Das Brandenburger Tor, nachts bei Nebel, 1936 Unbekannter Photograph

Weihnachtsmarkt am Dom, 1937 Unbekannter Photograph

Berliner
Weihnachts
Markt

Luna-Park am Halensee, um 1920 Unbekannter Photograph

Eingang zur Tanzplatte im Zoologischen Garten, 1928 Unbekannter Photograph

Tanzplatte im Zoologischen Garten, 1928 Unbekannter Photograph

Jazzband im Zoologischen Garten, 1928 Unbekannnter Photograph

Das Rose-Theater in der Frankfurter Straße 132, um 1930 Unbekannter Photograph

ROSE
THEATER
ROSE-THEATER
ROSE
THEATER
Abonnement
Rose Theaters
ROSE THEATER
nditorei · Rose-Café
Pariser Blut
Pariser Blut

Staatsopernball, 1936 Unbekannter Photograph

Leipziger und Potsdamer Platz mit einem der von Karl Friedrich Schinkel entworfenen Wachhäuser, frühe 30er Jahre Photo: Fritz Eschen

Arbeitsbeschaffung
LOS RM.1.-
MÖBEL-
HÜBNER
IA-9565

Friedrichstraße/Ecke Taubenstraße, um 1930 Photo: Albert Vennemann

GOLD FINK
Franz
Schwarzlose
Leiser
ERATOR

Doppeldecker-Bus vor dem Brandenburger Tor, um 1930 Unbekannter Photograph

Usedomstraße
Continental
Reifen

Nächtlicher Rangierbahnhof, frühe 30er Jahre Photo: Fritz Eschen

Flughafen Tempelhof, um 1929 Unbekannter Photograph

Ein Nachtzug verlässt den Anhalter Bahnhof, frühe 30er Jahre Photo: Fritz Eschen

Kurfürstendamm, an der Gedächtniskirche, um 1935 Photo: Willy Pragher

CHELS

Am Potsdamer Platz, um 1935 Photo: Willy Pragher

Pschorr Pschorr
ODOL
Sinds die Augen geh' zu Ruhnke
FILIALE
Link-Str. 1
Pschorr-Bräu
Spezial-Biere
Edel-Hell
PSCHORRHAUS
Pschorr-Haus

Columbushaus von Erich Mendelsohn am Potsdamer Platz, 1931 Unbekannter Photograph

COLUMBUSHAUS
COLUMBUSHAUS
MOKA EFTI
MOKA EFTI

Abendliches Einkaufsgedränge in der Leipziger Straße, 1928 Photo: H. Hoeffke

C.A. Herpich Söhne
JOSETTI

Feuerwerk am Funkturm aus Anlass des zehnjährigen Bestehens
der Verfassung der Weimarer Republik am 12. August 1929 Unbekannter Photograph

Funkturm und Messegelände, 1927 Unbekannter Photograph

Reklamesäule am Potsdamer Platz, 1928 Unbekannter Photograph

Das Kaufhaus des Westens – Kadewe – an der Tauentzienstraße, um 1925 Unbekannter Photograph

Blick in die Saarlandstraße (heute: Stresemannstraße) mit Haus Vaterland, um 1935 Unbekannter Photograph

KEMPINSKI HAUS
ALLIANZ
VERSICHERUNG
BÜRORÄUME
KAMMER
LICHTSPIELE
HOTEL
Bayernhof

Siemensstadt, Wernerwerk, 1932 Unbekannter Photograph

Warenhaus Karstadt am Hermannplatz, 1929 Unbekannter Photograph

KARSTADT
U

Der Titania-Palast in Steglitz während der Veranstaltung »Berlin im Licht«, 1928 Unbekannter Photograph

Reklamesäule der »Lichtwoche«, Oktober 1928 Unbekannter Photograph

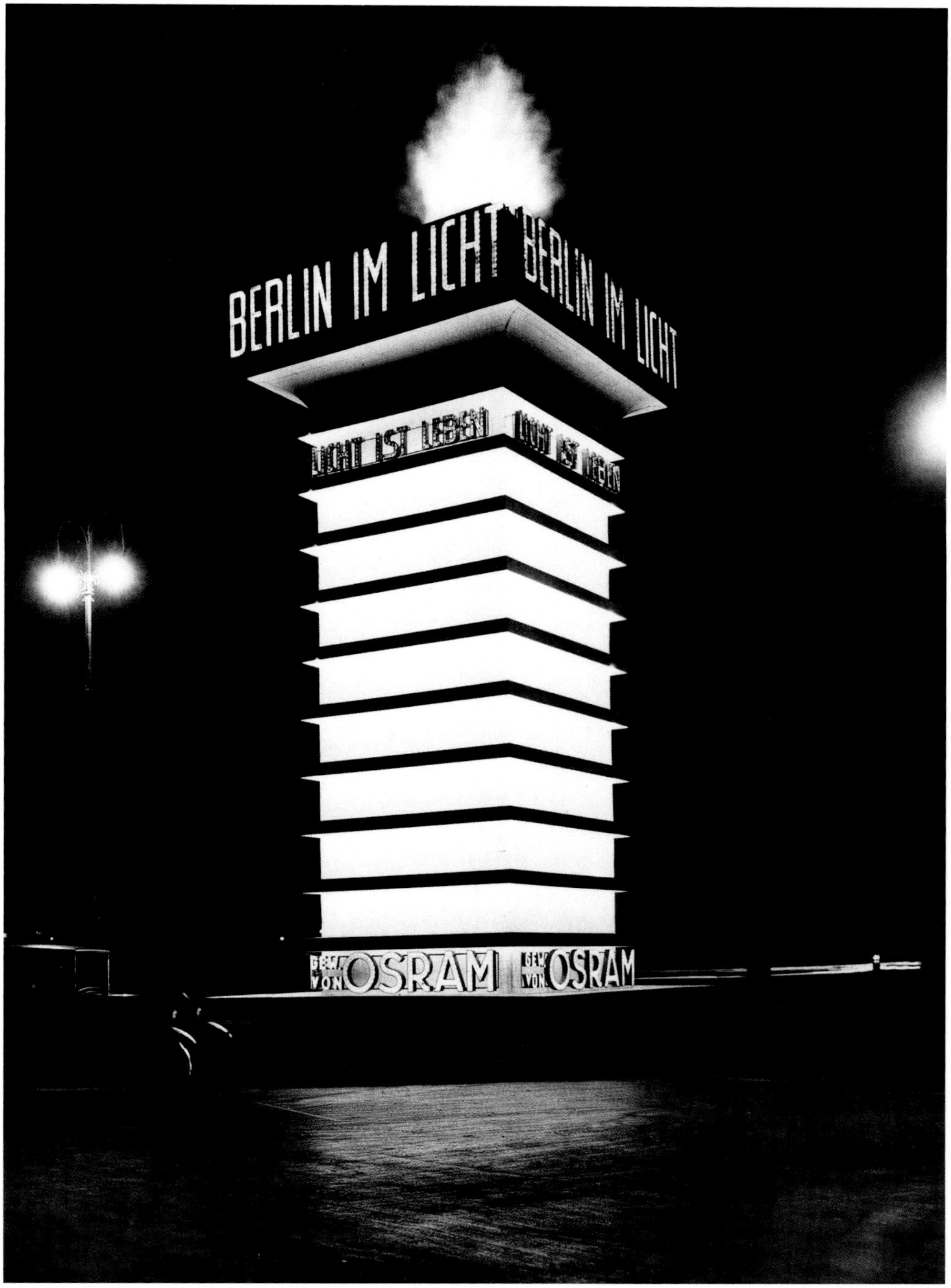
BERLIN IM LICHT
BERLIN IM LICHT
LICHT IST LEBEN
LICHT IST LEBEN
GEW. VON OSRAM
GEW. VON OSRAM

Eingang eines Autosalons während der Veranstaltung »Berlin im Licht«, 1928 Unbekannter Photograph

OPEL

Europa-Haus, Saarlandstraße (heute: Stresemannstraße), 1937 Photo: Josef Donderer

ODOL
VERSICHERUNG
EUROPA

Großtankstelle, Teltower Straße, um 1930 Unbekannter Photograph

Ruma-Benzin
Ruzol
Benzol

Schaufenster, Kurfürstendamm, um 1930 Unbekannter Photograph

Trumpf

Großkino Lichtburg, Badstraße. Fassadengestaltung, 1930 Unbekannter Photograph

Großkino Lichtburg, Foyer, 1930 Unbekannter Photograph

Universum-Kino, Kurfürstendamm, um 1930 Unbekannter Photograph

Dreharbeiten zu »M«, 1931 Unbekannter Photograph

Kino-Reklame U.T. Kurfürstendamm, um 1930 Photo: Hans Casparius

Unheimliche Geschichten
WEGENER KLÖPFER PAULSEN
REGIE: RICHARD OSWALD
Ufa
Ufa

Szene aus dem Film »Varieté« von E. A. Dupont im Berliner Wintergarten, 1925 Unbekannter Photograph

Das Ullstein-Haus in der Kochstraße während der Bekanntgabe der Reichstagswahlresultate vom 14. September 1930 Photo: Erich Salomon

Reichspräsident Paul von Hindenburg (im zweiten Fenster von links) gibt einen Empfang für König Fuad von Ägypten, Juni 1929.
Da Photographen nicht zugelassen waren, nahm Erich Salomon die Szene von einem gegenüberliegenden Gebäudeflügel aus auf.

Fackelzug von SA und Stahlhelm durch das Brandenburger Tor
anlässlich der Ernennung Adolf Hitlers zum Reichskanzler, 1933 Unbekannter Photograph

Zuschauer während des Fackelzuges nach der Eröffnung des Reichstags in der Krolloper, 21. März 1933 Unbekannter Photograph

Abendliche Gesellschaft im Hotel Esplanade, um 1930 Photo: Alfred Eisenstaedt

Neue Reichskanzlei, Voßstraße. Probe-Illuminierung des Neubaus
zwei Tage vor der offiziellen Übergabe, 7. Januar 1939 Unbekannter Photograph

Lichtinszenierung während der Abschlussfeier der Olympischen Spiele am 16. August 1936 Unbekannter Photograph

Die Ehrentribüne während des Einholens der Olympiafahne, 16. August 1936 Unbekannter Photograph

Sommerfest auf der Pfaueninsel für die Delegierten der Internationalen Handelskammer mit Feuerwerk, Juli 1937 Unbekannter Photograph

Autoverkehr Unter den Linden während der Olympischen Spiele 1936 Unbekannter Photograph

Dekoration Unter den Linden anlässlich des Besuchs von Benito Mussolini 1937 Photo: Julius Wilcke

Flakscheinwerfer, um 1945 Unbekannter Photograph

Brennende Häuser mit dem Turm der Petrikirche nach einem Luftangriff, um 1945 Unbekannter Photograph

Brennende Häuser nach einem Luftangriff, um 1945 Unbekannter Photograph

Nach einem Luftangriff, um 1945 Unbekannter Photograph

Während der Dreharbeiten zu dem DEFA-Film »Rotation« (Regie: Wolfgang Staudte), 1948/49 Unbekannter Photograph

Während der Dreharbeiten zu dem DEFA-Film »Die Mörder sind unter uns« (Regie: Wolfgang Staudte), Juli 1946 Photo: Henry Ries

Schiller Theater, um 1960 Unbekannter Photograph

CHILLER THEATER
B·LP 129
B·HN 121

Kurfürstendamm, um 1960 Photo: Karl E. Jacobs

BOSCH
IM AUTO - GUTE FAHRT
HAUS WIEN
Scharlachberg
Meisterbrand
HOTEL AM ZOO
BOENICKE
ZIGARREN-FABRIK
KUNSTHANDLUNG
ASIA-EGYPT
OTTO BOENICKE
GOLD

Kurfürstendamm. Filmfestspiele 1957 Photo: Karl E. Jacobs

HAUS WIEN
WIEN
FILM-BÜHNE
HOTEL AM ZOO
RADIO
FERNSEH
Imperial

Nachtleben auf dem Kurfürstendamm, um 1955 Photo: Siegfried Enkelmann

HAUS WIEN
Keller
WIEN
HOTEL AM ZOO

Die Kongresshalle (heute: Haus der Kulturen der Welt), um 1957 Photo: Fritz Eschen

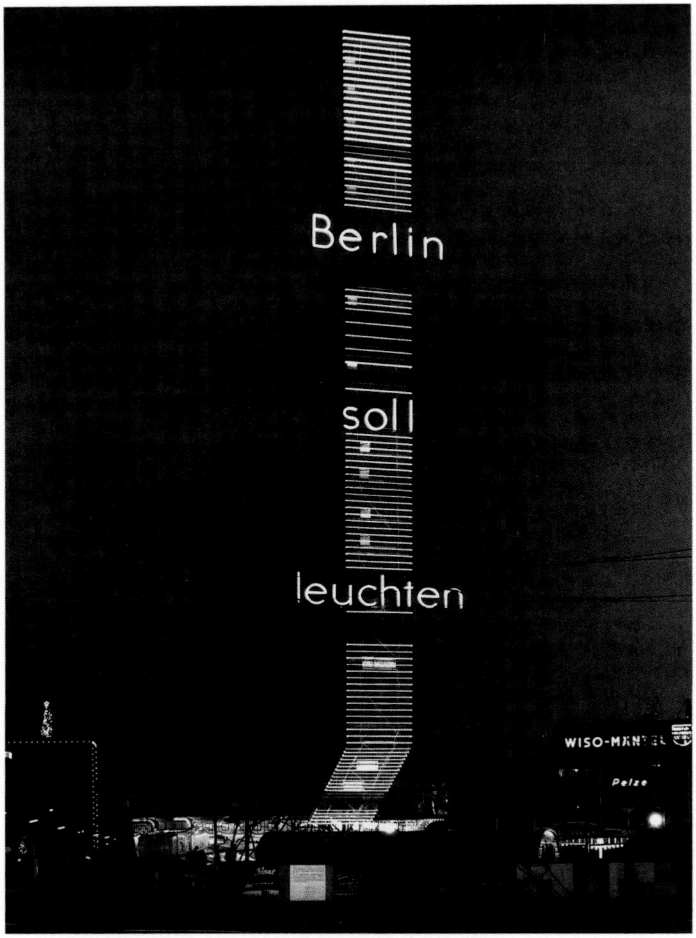

Lichtinstallation auf dem Breitscheidplatz, 1957 Unbekannter Photograph

Ernst-Reuter-Platz mit Wasserspielen, um 1960 Photo: Hans Hartz

Kranzlerecke, Kurfürstendamm / Ecke Joachimstaler Straße, 50er Jahre Unbekannter Photograph

KRANZLER
KRANZLER
Für gute Kleidung
EBBINGHAUS
Koffer-Meyer
ARNOLD MÖLLER
SAROTTI
SAROTTI
EBBINGHAUS
EBBINGHAUS

Presseball im Palais am Funkturm, 1958 Unbekannter Photograph

Die Schlossstraße in Steglitz, rechts der Titania-Palast, 50er Jahre Unbekannter Photograph

Peek & Cloppenburg
eek & Cloppenburg
Leineweber
ER & Cloppenburg
,1880'
SHELLEY WINTERS
Gegen alle

Der Konzertsaal der Hochschule für Musik in der Hardenbergstraße, 1954 Photo: Klaus Kindermann

Hardenbergplatz am Bahnhof Zoo mit 65.000 Watt Xenonleuchte, Mai 1966 Unbekannter Photograph

AMARO
BIANCO
2

Stadtautobahn Halensee und Funkturm, 70er Jahre Photo: Heinz Röhnert

Am Ernst-Reuter-Platz, 1960 Photo: Fritz Eschen

Vorfrühlingsabend an der Havel, 1955 Photo: Fritz Eschen

Lektorat: Antonia Meiners, Berlin
Gestaltung: Pauline Schimmelpenninck, Berlin
Umschlaggestaltung: Dorén + Köster, Berlin
Satz und Repros: Mega-Satz-Service, Berlin
Druck und Bindung: H. Heenemann GmbH, Berlin

Printed in Germany
ISBN 3-87584-562-5

Bildnachweis

akg-images 15, 17, 19, 27, 33
Archiv der Stiftung Deutsche Kinemathek, Berlin
106, 107, 109, 111, 136
Berlinische Galerie, Photographische Sammlung
9, 10, 29, 57, 58, 59, 71, 84, 93, 95, 97, 101, 103, 113, 115, 129, 137, 145, 159
Bildarchiv Preußischer Kulturbesitz
21, 25, 31, 35, 39, 49, 55, 61, 67, 69, 81, 83, 85, 89, 91, 99
Deutsches Historisches Museum, Berlin
82, 87, 126, 149, 161
André Kirchner 11
Landesarchiv Berlin 8
Landesarchiv Berlin, Fotosammlung
6, 7, 72, 132, 133, 148
Privatsammlung F.-M. Peter, Köln 139, 141, 143, 157
Sächsische Landesbibliothek – Staats- und Universitätsbibliothek Dresden, Abt. Deutsche Fotothek
65, 73, 147, 163, 165
Staatliche Museen zu Berlin – Preußischer Kulturbesitz, Kunstbibliothek 79
Staatsarchiv Freiburg W 134 Sammlung Willy Pragher
28, 43 (13058), 75 (1493), 77
ullstein bild
23, 37, 41, 45, 47, 51, 53, 63, 104, 105, 116, 117, 119, 121, 123, 125, 127, 131, 135, 151, 153, 155

Das Zitat von Amedée Ozenfant auf Seite 13 entnahmen wir dem Buch »Berlin im ›Querschnitt‹«, erschienen bei Fannei & Walz, Berlin 1990.